AF358117

CHATEAU DE BONNEMARE
Près Radepont (Eure)

VENTE

AUX ENCHÈRES PUBLIQUES

DES

OBJETS D'ART ANCIENS

ET

OBJETS MOBILIERS ANCIENS

PROVENANT DE LA

Succession de Mme B...

ET COMPRENANT

IMPORTANTE GARNITURE DE CHEMINÉE
en Bronze doré de l'époque Louis XVI
les Candélabres à Enfants, par DELAFOSSE

MEUBLES ANCIENS DIVERS
SIÈGES DE TOUTES ÉPOQUES, TABLES, ÉCRANS, PSYCHÉ, LITS, BOISERIES DIVERSES

Bas-relief en Marbre du XVIe siècle, représentant le « JUGEMENT DE PARIS »

SUPERBE MEUBLE DE SALON DE L'ÉPOQUE DU PREMIER EMPIRE
ACAJOU SCULPTÉ ORNÉ DE BRONZES DORÉS

Peintures — Livres — Objets divers

DONT LA VENTE AURA LIEU

AU CHATEAU DE BONNEMARE, PRÈS RADEPONT (EURE)
Le Dimanche 28 Octobre 1888, à midi

Par le Ministère de Me **LAUVRAY**, Notaire, aux Andelys,
Assisté de M. **R. GANDOUIN**, Expert, 35 *ter*, rue des Saints-Pères,
à Paris,

*Chez lesquels se distribue le Catalogue, et où l'on peut voir les photographies
des bronzes importants.*

MOYENS DE COMMUNICATIONS :
Un service de voitures est organisé de Radepont au Château de Bonnemare
— Voir page 3 —

CONDITIONS DE LA VENTE

Elle sera faite au comptant.

Les acquéreurs payeront DIX POUR CENT en sus des adju-
dications, applicables aux frais.

L'expert chargé de la vente se réserve la faculté de
réunir ou diviser les lots.

En cas de contestation sur une enchère, l'objet sera
immédiatement remis en vente.

L'expert chargé de la vente fournira tous renseigne-
ments sur la qualité et l'authenticité des objets.

Il remplira les commissions des personnes qui ne pour-
raient assister aux vacations.

L'ordre numérique du catalogue ne sera suivi à aucune
des vacations.

MOYENS DE COMMUNICATIONS

1º Départ de Rouen, 9 h. 6 m. du matin; changer de train à
Pont-de-l'Arche, à 9 h. 56 m.; arrivée à Radepont à 10 h. 34 m.

2º Départ de Paris, 6 h. 15 m., gare Saint-Lazare; changer
de train à Gisors, à 8 h. 23 m.; arrivée à Radepont à 10 h. 7 m.

Les 25, 26, 27 et 28 octobre, des voitures seront à la gare de
Radepont, aux trains ci-dessus désignés.

On pourra déjeuner soit au château, soit au village de Bonnemare.

Trains de retour pour Paris et Rouen, à la gare de Radepont,
à 4 h. 45 m., 7 h. 34 m. et 9 h. 46 m.

DÉSIGNATION

BRONZES

Pendule et Candélabres de l'époque Louis XVI. La pendule représente l'Histoire inscrivant les fastes de l'Amour. Très bien ciselée et dorée. Signée Crosnier, à Paris.

H., $0^m,49$. — L., $0^m,46$.

1 — Candélabres à quatre lumières de même époque; le fût du candélabre soutenu par deux amours portant la gaîne au sommet de laquelle est une girandole richement ornée, à trois rinceaux supportant les binets et une lumière centrale. Modèle rare, exécuté d'après Delafosse. Très bien ciselés et dorés.

H., $0^m,57$. — L., $0^m,29$.

2 — Paire de beaux Flambeaux de l'époque Louis XV, ciselés et dorés. Modèle à balustre rocaille.

H., $0^m,28$.

3 — Paire de Chenets époque Louis XVI, ciselés et dorés.
Modèle à galerie surmontée à sa partie inférieure
d'un trophée militaire et d'un beau vase orné de
guirlandes de fleurs.

H., 0^m,38.

4 — Paire de Chenets époque Louis XV. Volute rocaille
surmontée de figures de jeune garçon et fillette.

H., 0^m,28. — L., 0^m,34.

5 — Deux petites Aiguières dorées et ciselées, style Re-
naissance.

6 — Deux Porte-flacons de même travail et de même style.

7 — Bénitier groupe d'anges et figures : ciselé et doré.

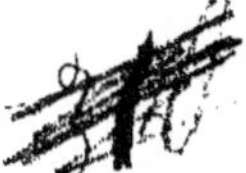

8 — Paire de Flambeaux bronze, ciselés, dorés, style
Louis XV, la hampe entourée de trois amours.

MEUBLES

9 -- Très belle Stalle du XVIe siècle. Le dosseret très richement orné de rinceaux et guirlandes. Au centre, profil de déesse. Les bras terminés par une tête de dauphin, sont reliés au dosseret par des guirlandes de feuillages surmontées des figures de saint Pierre et saint Bruno; la corniche est ornée de trois masques de chérubins. Le siège, décoré de serviettes, a été réparé.

H., 1^m76. — L., 0 ^m,62.

10. — Lit de l'époque Louis XIII, en noyer tourné, à dais supporté par quatre colonnes tournées torses. La tête du lit est ornée d'une galerie à colonnettes surmontée de vases tournées.

11 — Deux Chaises de l'époque Louis XIV. Noyer sculpté. Les dossiers ajourés à rinceaux. Au centre, vase de fleurs.

12 — Chaise de même époque. Noyer sculpté. Le dossier orné de quatre couronnes.

13 — Deux Chaises époque Louis XIV. Noyer sculpté.

14
> Chaise de même époque. Le dossier surmonté de deux dauphins couronnés.
>
> Fauteuil de l'époque Louis XIV. Le devant orné d'une frise d'amours soutenant un cartouche.

15 — Prie-Dieu de style gothique. La porte composée avec trois panneaux anciens à ogives

16 — Table de l'époque Louis XIV. Noyer sculpté tourné.

17 — Table octogone à quatre pieds cannelés et sculpté. Époque Louis XIV.

18 — Grand Bureau à cylindre. Acajou moucheté, pieds cannelés. Époque Louis XVI.

19 — Psyché en acajou époque Louis XVI, forme carrée, marquetée de cuivre, à colonnes cannelées garnies de cuivre.

20 — Écran de même époque, forme carrée. Acajou orné de cuivres fondus et ciselés, les pieds ornés de sabots à feuilles d'achante.

21 — Fauteuil de malade en noyer avec joues mobiles.

22 — Table à ouvrage, laque français, style chinois.

23 — Torchère à pied tors et plateaux sculptés. Epoque Louis XIV.

24 — Grande et belle Armoire à deux vantaux, en noyer massif, reliefs, moulures pointes de diamant, guirlandes de fleurs et amours. Les por-

tes sont ornées aux angles de figures de femmes
en costume Louis XIV, et d'amours Le fronton
est orné d'un bas-relief représentant la Vierge, et
têtes d'anges. Travail hollandais. Époque Louis
XIV.

25 — Paravent à cinq feuilles, brodées de soie et or. Travail chinois. Au revers brocatelle de soie verte.
Travail de l'époque Louis XV.

26 — Presse-papier, marbre noir et profil en ivoire;
satyre.

27 — Pendule porcelaine, décorée polychrome et or par
Jacob Petit.

28 - - Crucifix, Christ en ivoire sculpté. Époque Louis XIV.
H., 0^m,31.

29 — Quatre Chaises sculptées, dossiers carrés, époque
Louis XV.

30 — Verre d'eau, plateau à glace, monté en bronze doré.
Flacon, encrier, carafe bohème.

31 — Baromètre Louis XVI bois sculpté doré; attributs
de chasse.

32 — Lit de l'époque du premier empire avec son ciel de
lit bois sculpté, peint blanc et doré, et ses garni-
tures, rideaux en damas de soie verte.

33 — Lit de repos et ses coussins ; bois de même travail
recouvert en broderie de soie et or.

34 — Coffre du xvi° siècle. Chêne sculpté, orné sur la
face d'une Vénus couchée et d'animaux chimé-
riques.

35 — Mobilier de salon du premier Empire. Acajou massif sculpté; les pieds, à griffes de lion, sont ornés
au sommet de têtes d'Égyptiennes; les dossiers et
chaque pied ornés de bronzes ciselés et dorés.

    1 Canapé.
    1 — tête-à-tête.
    2 Bergères.
    6 Fauteuils.
    4 Tabourets.

36 — Guéridon de même époque, orné de bronze, ciselé
et doré, à trois pieds surmontés de bas-reliefs en
bronze ciselé et doré.

37 — Porte-cartes géographiques à ressorts. Boite en
palissandre.

38 — Devant de cheminée peint à l'huile, *Raphaël* et
la Fornorina, d'après Ducis.

39 — Mobilier de salon époque du premier Empire. Bois
sculpté, peint blanc et doré, recouvert en tapis-
serie de soie à l'aiguille, fleurs sur fond blanc.

    1 Canapé.
    2 — tête-à tête.
    2 Bergères.
    4 Chaises.

40 — Console de l'époque du premier Empire. Acajou
avec têtes et griffes de lion bronze doré.

41 — Petite Console de l'époque Louis XVI. Acajou, pieds cannelés et côtés concaves. Garnie de cuivre.

42 — Guéridon laqué. Travail français, style chinois.

43 — Secrétaire-écran de même travail.

44 — Paire de jolis Vases en porcelaine, fond bleu, rehauts d'or, sujets de chasse, par Jacob Petit.

45 — Cave à liqueurs, boîte en palissandre, 4 flacons, 24 verres.

46 — Garniture de cheminée, porcelaine décorée, par Jacob Petit.
Pendule.
2 Vases.
2 Candélabres.

47 — J. Coignet (Vue de Suisse, Vue d'Orient).
Deux pastels, signés.

48 — Porcelaine de Paris. Deux Vases à reliefs rocaille, décor polychrome et or.

49 — École Française. *Mater Dolorosa*, cadre en bois sculpté, époque Louis XIV.

50 — Feti (d'après Domenico). *Sainte Madeleine*, peint sur toile.

51 — Prie-Dieu palissandre avec filets en bois d'érable.

52 — Fauteuil.
2 Chaises cannées, Louis XV.

53 — Quatre Vases de jardin vieux Rouen; Deux à paysages.

54 — Lit de l'époque Louis XVI à colonnes, détachées, cannelées torses; fond de lit sculpté formant fond de canapé.

55 — Console Louis XVI. Acajou et filets de cuivre.

56 — Bas-relief marbre. École française du xvie siècle. Le Jugement de Pâris.

57 — Tabouret ovale. Noyer sculpté. Époque Louis XVI.

58 — Deux Corbeilles en porcelaine décorée fleurs en relief. Jacob Petit.

59 — Cinq Assiettes. Ancienne porcelaine de l'Inde.

60 — Plat japon. Personnages.

61 — Tasse Empire. Vieux Paris.

62 — Petit Lustre bronze et porcelaine.

63 — Biscuit. *Jeanne d'Arc.* — Signé : Susse, 8, place de la Bourse.

64 — Deux Tables de nuit du premier Empire, ornées de têtes en bronze.

ARMES

65 — Fusil persan, canon ciselé et damasquiné d'or, monture en argent repoussé et ciselé.

66 — Carabine espagnole, dite tromblon.

67 — Épée en bronze ciselé et doré. —

68 — Carabine de salon.

69 — Fusil de chasse à deux coups.

70 — Paire de Pistolets de poche, poignées en ivoire.

71 — Poignard de dame, poignée en nacre, monture en argent doré ciselé.

72 — Pistolet de salon, système Flobert.

LIVRES

M. GANDOUIN

EXPERT A PARIS

35ter, rue des Saints-Pères,

Se charge de toutes Ventes publiques d'Objets d'Art, Rédaction de Catalogues, Expertises, Partages, etc., etc.

Il rappelle aux Amateurs qu'il est chargé d'acquérir pour ses clients quantité de Tableaux et Objets d'Art et qu'il recherche en ce moment, toutes les pièces ayant trait aux événements de la Révolution française (1788 à 1800) et à celle de 1830.

Il recherche également toutes les pièces relatives à l'Histoire de Paris : Tableaux, Dessins, Livres, Gravures, Médailles, Broderies, Étoffes, etc., etc.,

Ainsi que celles relatives à l'Aérostation (ballons).

———

Étude de M⁰ LAUVRAY, notaire, aux Andelys (Eure)

A VENDRE A L'AMIABLE

LA

Terre de Bonnemare

Située dans la commune de Radepont (Eure), à deux kilomètres de la station de ce nom, sur la ligne de Gisors à Pont-de-l'Arche.

Elle comprend :

UN CHATEAU ET UNE FERME

La contenance totale est de 13o hectares, desquels 65 hectares en bois, 49 en terres labourables garnies de pommiers, et 16 en herbages.

Château du style Louis XIII, avec larges dépendances et chapelle dans la cour.

Grands bâtiments d'exploitation

BELLE CHASSE

dans le parc même et dans 23 hectares de bois entourés de murs
(MAISON DE GARDE)

Conditions avantageuses

Paris. — Maison Quantin, 7, rue Saint-Benoît.